Korte Verhalen

in Italiaans

voor Beginners

Daria Gałek

Inhoudsopgave

Inleiding

"Korte Verhalen in Italiaans voor Beginners" is een verzameling van 20 gemakkelijk te lezen verhalen, speciaal ontwikkeld voor beginners die Italiaans leren. De verhalen zijn geschreven in eenvoudige taal en presenteren personages en situaties waar lezers zich gemakkelijk mee kunnen identificeren, wat ze ideaal maakt voor mensen die net beginnen met het leren van deze taal.

Elk verhaal bevat een woordenlijst en oefeningen waarmee lezers hun begrip van de tekst kunnen controleren en hun Italiaanse woordenschat en grammatica kunnen uitbreiden.

Of je nu Italiaans voor de eerste keer leert of je lees- en luistervaardigheden wilt verbeteren, "Korte Verhalen in Italiaans voor Beginners" is een waardevolle bron voor iedereen die geïnteresseerd is in het leren van de taal op een leuke en boeiende manier.

Capitolo 1: L'arrivo in città

Martina è una giovane donna che è appena arrivata in città in autobus dal suo paese natale. Ha venticinque anni ed è emozionata di iniziare una nuova vita in città. Porta con sé una piccola valigia e una borsa a mano mentre cammina per le strade del centro della città. Si sente un po' persa e non è sicura di dove andare per trovare la sua nuova casa. Improvvisamente, un uomo si avvicina a lei e le sorride.

– Ciao, mi chiamo Giovanni. Hai bisogno di aiuto? – chiese l'uomo con un sorriso.

– Ciao! Mi chiamo Martina. Sono appena arrivata in città e non so come trovare la mia nuova casa. – rispose Martina sorpresa dall'offerta di aiuto.

– Non preoccuparti. Dove abiti? – chiese Giovanni con gentilezza.

– Abito in via Farfalla numero 23.

– È vicino! Devi solo continuare lungo questa strada e girare a destra in via Azzurra. Via Farfalla si trova a due isolati più avanti. – spiegò Giovanni.

– Grazie mille! – ringraziò Martina con un sorriso sollevato.

– Di niente. Buona giornata! – disse Giovanni prima di congedarsi.

Grazie alle indicazioni di Giovanni, Martina trovò la strada per casa senza problemi. Era entusiasta di iniziare la sua nuova vita in città e aveva in programma di esplorarla nei prossimi giorni.

Vocabolario:

giovane – jong

arrivare – aankomen

città – stad

paese – dorp

emozionata – opgewonden

iniziare – beginnen

valigia – koffer

borsa a mano – handtas

mentre – terwijl

sicura – zeker

nuova – nieuw

casa – huis

sorridere – glimlachen

aiuto – hulp

chiedere – vragen

trovare – vinden

non preoccuparti – maak je geen zorgen

dove – waar

strada – straat

girare – draaien

destra – rechts

di niente – graag gedaan

congedarsi – afscheid nemen

esplorare – verkennen

prossimi – volgende

Capitolo 2: Negozio di alimentari

Martina decise di andare al negozio di alimentari per rifornire il frigorifero nel suo nuovo appartamento. Quando arrivò, notò che era pulito e ordinato. Martina si avvicinò a un dipendente che stava riempiendo gli scaffali con i prodotti.

– Buongiorno. – salutò Martina con un sorriso. – Dove posso trovare le verdure?

– Buongiorno. – rispose il dipendente con gentilezza. – Le verdure sono nella sezione a sinistra, alla fine del corridoio.

– Grazie. – ringraziò Martina con voce amichevole. – Avete pomodori e lattuga fresca?

– Sì, abbiamo appena ricevuto una nuova consegna stamattina. Sono nella sezione di verdure fresche proprio accanto. – spiegò il dipendente con entusiasmo.

Martina ringraziò il dipendente e si diresse alla sezione delle verdure. Vide che c'erano molti prodotti freschi e di buona qualità. Prese alcuni pomodori e lattuga fresca e decise di cercare la frutta.

– Ho bisogno anche di alcune frutta. Dove posso trovarle? – chiese Martina curiosa.

– La frutta si trova nella sezione a destra, subito dopo i prodotti in scatola.

– Perfetto, grazie.

Martina trovò una sezione con frutta fresca e prese alcune mele e banane per la settimana. Infine, Martina portò i suoi acquisti al banco cassa.

– Sono 10 euro in totale, per favore. – disse il dipendente con voce chiara.

– Accettate carte di credito? – chiese Martina interessata.

– Sì, accettiamo carte di credito e di debito. Puoi anche pagare in contanti.

– Va bene, grazie mille.

Martina pagò i suoi acquisti con la carta di credito e uscì dal negozio, pronta per preparare la sua prima cena nella sua nuova casa.

Vocabolario:

negozio di alimentari – supermarkt

pulito – schoon

ordinato – netjes

dipendente – medewerker

verdure – groenten

gentile – vriendelijk

sinistra – links

anche – ook

pomodori – tomaten

lattuga – sla

fresca – vers

frutta – fruit

dopo – later

in scatola – in blik

mele – appels

banane – bananen

infine – tenslotte

acquisti – aankopen

carta di credito – creditcard

pagare – betalen

contanti – contant

preparare – voorbereiden

Capitolo 3: L'incontro con i vicini

Un giorno Martina ricevette un invito dai vicini per partecipare a una riunione nel palazzo. Era entusiasta di conoscere i suoi vicini e di apprendere di più sulla comunità. L'incontro era previsto per il sabato pomeriggio nella sala comune dell'edificio.

Martina arrivò nella sala comune e fu sorpresa nel vedere tante persone lì. Si avvicinò a un gruppo di persone che stavano conversando e si presentò.

– Ciao! Mi chiamo Pietro. Sei la nuova inquilina? – chiese uno dei vicini.

– Sì, esatto. Mi chiamo Martina e mi sono appena trasferita qui qualche giorno fa. – rispose lei.

– Benvenuta nella comunità! Io sono Anna. Ti piace qui? – chiese l'altro vicino.

– Sono entusiasta di essere qui. Adoro l'edificio e la posizione è perfetta per me.

– Mi fa piacere sentirlo. Ti stai godendo la città finora? – chiese il terzo vicino.

– Sì, sto esplorando molto.

L'incontro iniziò con un discorso del presidente dell'associazione. Parlò degli eventi futuri. Sono state discusse diverse cose correlate al rinnovamento dell'edificio

Martina si sentì a suo agio con i suoi vicini ed era emozionata nel sentire parlare delle attività e degli eventi pianificati. Era felice di aver partecipato all'incontro e si sentì più connessa con la comunità.

Vocabolario:

vicini – buren

invito – uitnodiging

riunione – vergadering

conoscere – leren kennen

sabato – zaterdag

pomeriggio – middag

sala comune – gemeenschappelijke ruimte

inquilina – huurder

trasferirsi – verhuizen

altro – ander

posizione – locatie

fa piacere – het doet me plezier

sentirlo – horen het

discorso – toespraak

presidente – voorzitter

associazione – vereniging

eventi – evenementen

correlate – gerelateerde

connessa – verbonden

Capitolo 4: Il primo giorno di lavoro

Martina era entusiasta per il suo primo giorno di lavoro nella nuova azienda. È arrivata presto in ufficio e si è incontrata con il suo capo, Davide.

– Ciao, Martina! Sono felice che tu sia arrivata presto. – dice Davide – Sei pronta per iniziare il tuo primo giorno di lavoro?

– Ciao, Davide. Sì, sono molto emozionata di cominciare.

– Fantastico. Ti mostrerò il nostro ufficio.

Davide ha portato Martina in giro per l'ufficio e le ha mostrato dove si trovavano le diverse aree e i dipartimenti. Poi sono arrivati alla postazione di lavoro di Martina.

– Qui è dove lavorerai – disse Davide – Come puoi vedere, hai il tuo computer e telefono. Ora ti presenterò al team.

Davide ha presentato Martina a ciascuno dei suoi nuovi colleghi di lavoro, inclusa la sua collega di squadra, Sebastiano.

– Martina, questo è Sebastiano, il tuo collega di squadra. – dice Davide.

– Ciao, Martina – le disse Sebastiano con un sorriso – È un piacere conoscerti.

– Ciao, Sebastiano. Sono emozionata di lavorare con te. – rispose Martina.

– Fantastico! – disse Davide – Ora puoi cominciare a lavorare.

Sebastiano ti aiuterà con i documenti più importanti. Benvenuto nel nostro team!

Dopo aver incontrato il suo team, Martina si sedette alla sua scrivania e iniziò a imparare il suo lavoro. Sebastiano gentilmente le mostrò i documenti più importanti. Martina era entusiasta delle possibilità che l'aspettavano nel suo nuovo lavoro. Sentiva di aver preso la decisione giusta nel cominciare a lavorare per questa azienda.

Vocabolario:

lavoro – werk

azienda – bedrijf

presto – vroeg

ufficio – kantoor

capo – baas

pronta – klaar

mostrare – tonen

qui – hier

computer – computer

telefono – telefoon

collega di lavoro – collega

squadra – team

con te – met jou

documenti – documenten

benvenuto – welkom

incontrarsi – ontmoeten

scrivania – bureau

imparare – leren

gentilmente – vriendelijk

possibilità – mogelijkheid

Capitolo 5: Incontrarsi con gli amici

Martina si è incontrata con i suoi amici per prendere un caffè in un caffè nel centro della città. Era entusiasta perché non vedeva i suoi amici da molto tempo e voleva condividere con loro le sue nuove esperienze sul lavoro.

Dopo essersi salutati e aver ordinato il caffè, Martina ha avviato la conversazione:

– Come state? Non ci vediamo da tanto tempo!

– Bene, bene. – rispose il suo amico Manuele – Sì, è vero, non ci vediamo da un po' di tempo.

– Sì, da quando ho iniziato a lavorare nella nuova azienda, non ho avuto molto tempo per uscire.

– E come ti trovi al lavoro? Ti piace il tuo nuovo lavoro? – chiese un'altra amica, Angela.

– Sì, mi piace molto. Lavoro con persone molto piacevoli e sto imparando molte cose nuove.

– E cosa fai nel tuo tempo libero? Hai qualche nuovo interesse? – disse Manuele.

– Sì, di recente ho iniziato a imparare il francese. Mi piace molto e voglio viaggiare a Parigi in futuro.

Dopo un po' di conversazione, Martina si accorse che una delle sue amiche sembrava preoccupata.

– Cosa succede? – chiese Martina ad Angela – Sembri preoccupata.

– Sì, in questo momento sto pianificando una vacanza e non so dove andare. Non ho idee. – rispose lei tristemente.

– Vuoi venire con me in Francia?

– Davvero? Certo, sarei felice! – gridò Angela con un sorriso.

Dopo il caffè, Martina si sentì felice e rilassata. Era contenta di essersi potuta incontrare con i suoi amici e condividere le sue esperienze.

Vocabolario:

amici – vrienden

prendere un caffè – koffie drinken

centro della città – stadscentrum

condividere – delen

nuove esperienze – nieuwe ervaringen

persone – mensen

piacevoli – aangename

cose – dingen

tempo libero – vrije tijd

interesse – interesse

francese – Frans

viaggiare – reizen

futuro – toekomst

preoccupata – bezorgd

vacanza – vakantie

venire con me – met me meegaan

Capitolo 6: Una visita alla biblioteca

Martina decise di visitare la biblioteca per trovare alcuni libri per approfondire la sua conoscenza sul suo nuovo lavoro. Quando arrivò alla biblioteca, si diresse alla sezione di economia e iniziò a cercare alcuni libri.

Improvvisamente, il bibliotecario si avvicinò a lei e le chiese:

– Ciao, mi chiamo Leonardo, hai bisogno di aiuto per trovare qualche libro?

– Sì, sto cercando libri su finanza e economia. – rispose Martina.

– Ah, posso aiutarti con questo. Hai trovato qualche libro interessante?

– Sì, ho trovato alcuni libri, ma non sono sicura se siano quelli giusti. Potresti darci un'occhiata?

– Certo. Fammi vedere. Ah, questo è un buon libro sulle finanze personali. E quest'altro riguarda gli affari internazionali. Penso che saranno utili per te.

– Grazie mille. È esattamente ciò che stavo cercando.

Dopo aver selezionato i libri, Martina si sedette a un tavolo e iniziò a leggere uno di loro. Improvvisamente, un altro uomo si avvicinò e le chiese:

– Ciao, stai leggendo quel libro sulle finanze personali? È un grande libro, non credi?

– Sì, lo è. Sto imparando molto.

– Mi chiamo Gabriele, a proposito. Lavoro in una società di investimenti. Se hai bisogno di qualche consiglio finanziario in futuro, non esitare a chiedermelo.

– Grazie, Gabriele. Sarei felice di ascoltare i tuoi consigli in futuro.

Martina si sentì grata per l'aiuto ricevuto da Leonardo e Gabriele. Dopo un po', decise che aveva letto abbastanza per oggi e si congedò dal bibliotecario e dall'uomo d'affari prima di lasciare la biblioteca.

Vocabolario:

biblioteca – bibliotheek

sezione – sectie

affari – zaken

libro – boek

finanze – financiën

bibliotecario – bibliothecaris

mi chiamo – ik heet

un'occhiata – een kijkje

utili – nuttig

selezionare – selecteren

tavolo – tafel

leggere – lezen

uomo – man

investimenti – investeringen

consiglio – advies

finanziario – financieel

grata – dankbaar

Capitolo 7: Una giornata in spiaggia

Martina si svegliò presto per godersi una giornata in spiaggia. Era una giornata soleggiata e perfetta per prendere il sole e nuotare in mare. Indossò il suo costume da bagno, prese un asciugamano e uscì di casa dirigendosi verso la spiaggia. Tuttavia, quando arrivò lì, si rese conto di aver dimenticato gli occhiali da sole a casa.

– Accidenti! Ho dimenticato gli occhiali da sole a casa! – si lamentò Martina.

In quel momento, un ragazzo si avvicinò a lei e le offrì un paio di occhiali da sole.

– Ciao, hai bisogno di aiuto? Mi chiamo Miguel. – disse il ragazzo.

– Ciao! Mi chiamo Martina. Sono appena arrivata in spiaggia e mi sono resa conto di aver dimenticato gli occhiali da sole a casa. – rispose Martina sorpresa dall'offerta di aiuto.

– Non preoccuparti, ho un paio di occhiali da sole che puoi usare mentre sei qui. – disse Miguel con un sorriso.

– Grazie mille! – ringraziò Martina con un sorriso di sollievo.

– Di niente, spero che li apprezzerai. – disse Miguel prima di congedarsi.

Martina trascorse la giornata in spiaggia prendendo il sole, leggendo un libro e nuotando in mare. Quando il sole cominciò a tramontare, decise che era ora di tornare a casa.

– Che giornata meravigliosa! – si disse mentre camminava di ritorno a casa.

Dopo aver trascorso il giorno in spiaggia, Martina si sentiva completamente rilassata e ringiovanita. Era anche grata per la gentilezza di Miguel, che le aveva offerto i suoi occhiali da sole e aveva reso la sua giornata molto più confortevole.

Vocabolario:

spiaggia – strand

godersi – genieten van

giornata soleggiata – zonnige dag

prendere il sole – zonnen

sole – zon

nuotare – zwemmen

costume da bagno – badpak

asciugamano – handdoek

dimenticato – vergeten

occhiali da sole – zonnebril

momento – moment

sollievo – opluchting

trascorrere la giornata – de dag doorbrengen

camminare – wandelen

meravigliosa – prachtig

qualcuno – iemand

Capitolo 8: Il picnic di Martina e la sua famiglia

Martina e la sua famiglia decisero di fare un picnic al parco. La mamma di Martina preparò dei panini al prosciutto e formaggio, mentre il papà portò delle mele e delle bottiglie d'acqua.

Martina era entusiasta perché adorava trascorrere del tempo all'aria aperta. Si sedettero su una coperta e cominciarono a mangiare.

– Questo è davvero buono! – disse Martina mentre masticava un panino.

– Sono contenta che ti piaccia, Martina – rispose la mamma con un sorriso.

Mentre mangiavano, Martina vide un bambino che stava giocando con il suo cane.

– Che bel cane! – esclamò Martina.

– Sì, è molto giocherellone – disse il papà.

Dopo aver mangiato, Martina decise che voleva giocare con il cane.

– Credi che potrei giocare con lui, papà? – chiese Martina.

– Devi chiederlo al ragazzo. – rispose papà.

Martina si avvicinò al proprietario del cane e gli chiese se poteva giocare con lui. Il proprietario acconsentì e Martina iniziò a giocare con il cane.

– Questo cane è davvero divertente! – disse Martina mentre il cane saltava e muoveva la coda.

Dopo aver giocato un po', Martina e la sua famiglia conservano le loro cose e fecero ritorno a casa, portando con sé i ricordi speciali di una giornata divertente con risate, cibo delizioso e momenti condivisi al parco.

Vocabolario:

picnic – picknick

parco – park

panini – broodjes

prosciutto – ham

formaggio – kaas

acqua – water

aria aperta – frisse lucht

sedersi – zitten

coperta – deken

bambino – kind

cane – hond

giocare – spelen

proprietario – eigenaar

coda – staart

conservare – bewaren

ricordi – herinneringen

speciali – speciaal

risate – gelach

delizioso – heerlijk

Capitolo 9: Celebrando il Compleanno

Martina era molto emozionata perché oggi era il suo compleanno e la sua migliore amica, Anna, le aveva preparato una sorpresa speciale. Anna le aveva detto di incontrarsi in un parco vicino per festeggiare insieme.

Quando Martina arrivò al parco, vide che Anna aveva preparato una piccola festa a sorpresa con palloncini e una deliziosa torta al cioccolato.

– Buon compleanno, Martina! – disse Anna emozionata mentre le consegnava un regalo.

– Grazie mille, Anna! Non riesco a credere che tu abbia fatto tutto questo per me.

Dopo aver mangiato un pezzo di torta e aperto il suo regalo, Martina decise che voleva giocare nel parco.

– Vuoi giocare a palla, Anna? – chiese Martina.

– Certo! Andiamo a giocare.

Martina e Anna iniziarono a giocare a palla mentre ridevano e si godevano la bellissima giornata.

– Oh, Anna, mi hai quasi colpito con la palla! – esclamò Martina sorpresa.

– Hahaha, mi dispiace, Martina. – rispose Anna ridendo – Proverò a avere una mira migliore!

Dopo aver giocato, Martina e Anna si sedettero sull'erba per riposare e parlare di quanto fosse stata bella la giornata. Si resero conto di quanto fossero fortunate ad essere amiche speciali e di poter festeggiare insieme. Marta ha soffiato le candele sulla sua torta ancora una volta, augurandosi che la sua amicizia con Anna fosse sempre forte e piena di felicità in futuro.

Vocabolario:

celebrare – vieren

compleanno – verjaardag

migliore – beste

sorpresa – verrassing

insieme – samen

torta – taart

cioccolato – chocolade

regalo – cadeau

palla – bal

quasi – bijna

colpito – verrast

mi dispiace – het spijt me

proverò – ik zal proberen

mira – doel

riposare – rusten

parlare – praten

ancora una volta – nog een keer

sempre – altijd

forte – sterk

Capitolo 10: La visita allo zoo

Martina e la sua famiglia decisero di fare una escursione allo zoo. Martina era emozionata perché non ci era mai stata prima e amava gli animali.

Quando arrivarono, comprarono i biglietti d'ingresso e iniziarono ad esplorare lo zoo. Videro leoni, giraffe, scimmie e molti altri animali interessanti.

Martina era particolarmente emozionata di vedere i pinguini. Le piaceva vederli scivolare sull'acqua e camminare goffamente sul ghiaccio.

Mentre stavano guardando i pinguini, Martina notò che uno di loro sembrava triste.

– Papà, perché quel pinguino è da solo? – chiese Martina, indicando il pinguino solitario.

– A volte i pinguini si separano dal gruppo per diverse ragioni, ma non preoccuparti, è normale – rispose suo padre.

Martina decise di voler fare qualcosa per rallegrare il pinguino solitario. Si ricordò di aver portato una barretta di cioccolato nella sua borsa e pensò di poterla dare al pinguino.

– Papà, pensi che il pinguino vorrà questo? – chiese Martina tirando fuori la barretta di cioccolato dalla sua borsa.

– Non ne sono sicuro, ma puoi provare – rispose suo padre.

Martina si avvicinò al pinguino e gli offrì la barretta di

cioccolato. Il pinguino sembrò curioso e si avvicinò per annusarla. Dopo qualche istante, il pinguino prese la barretta di cioccolato con il suo becco e iniziò a mangiarla.

– Guarda, papà, gli piace! – esclamò Martina emozionata.

Dopo aver passato l'intera giornata allo zoo, Martina e la sua famiglia fecero ritorno a casa stanchi ma felici. Avevano trascorso una giornata meravigliosa vedendo animali incredibili e creando ricordi insieme.

Vocabolario:

zoo – dierentuin

escursione – excursie

mai – nooit

animali – dieren

biglietto d'ingresso – toegangskaartje

leone – leeuw

giraffa – giraffe

scimmia – aap

pinguino – pinguïn

ghiaccio – ijs

triste – verdrietig

solo – alleen

si separano – scheiden zich

barretta di cioccolato – chocoladereep

curioso – nieuwsgierig

annusare – ruiken

becco – snavel

mangiare – eten

ritorno – terugkeer

stanchi – vermoeid

felice – blij

Capitolo 11: La lezione di yoga

Martina voleva trovare un modo per rilassarsi dopo una giornata di lavoro stressante, quindi ha deciso di prendere una lezione di yoga nella sua palestra locale. Quando è arrivata, si è unita a un gruppo di persone che stavano già facendo gli stretching e meditando.

Martina ha trovato la lezione di yoga molto rilassante e ha cominciato a goderne. Ma quando l'istruttore le ha chiesto di fare una postura complicata, si è sentita un po' insicura.

– Non sono sicura di poter farlo. – ha detto Martina.

– Non preoccuparti, Martina. Puoi provare. Se non ci riesci, fai semplicemente quello che puoi. – ha risposto l'istruttore con un sorriso.

Martina si è impegnata e alla fine è riuscita a fare la posizione. Si è sentita molto orgogliosa di sé e grata per la pazienza dell'istruttore.

Dopo la lezione, Martina si è avvicinata all'istruttore e gli ha chiesto se ci fosse un modo per praticare yoga a casa.

– Sì, ci sono molti video di yoga online che puoi seguire a casa. Puoi anche comprare un tappetino da yoga e praticare nel tuo soggiorno.

– Grazie per il consiglio. Sicuramente proverò. – ha detto Martina mentre si congedava dall'istruttore.

Quando è arrivata a casa, Martina ha cercato video di yoga online e ha cominciato a seguirli. Ha scoperto che praticare yoga a casa era molto comodo e rilassante.

Vocabolario:

lezione – les

yoga – yoga

palestra – sportschool

stretching – rekken

meditando – mediteren

insicura – onzeker

postura – houding

complicata – ingewikkeld

provare – proberen

riuscita – geslaagd

orgogliosa – trots

pazienza – geduld

si avvicinata – naderde

modo – manier

praticare – beoefenen

video – video

online – online

tappetino – mat

soggiorno – woonkamer

comodo – comfortabel

rilassante – ontspannend

Capitolo 12: L'avventura nel museo

Un giorno, Martina decise di visitare il museo della sua città per scoprire cose interessanti. Indossò i suoi abiti comodi, prese lo zaino e si diresse al museo con emozione.

Arrivata al museo, Martina rimase meravigliata dall'enorme ingresso e dalle belle sculture che adornavano il luogo. Entrò nel museo e si avvicinò al banco informazioni.

– Ciao! Puoi darmi informazioni sulle esposizioni? – chiese Martina con entusiasmo.

– Ciao! Certo, abbiamo diverse sale con esposizioni d'arte, storia e scienza. Cosa vorresti esplorare prima? – rispose il dipendente cordialmente.

– Vorrei cominciare dalla sala d'arte. Dove posso trovarla? – domandò Martina con curiosità.

– La sala d'arte si trova al secondo piano. Devi solo salire le scale e girare a sinistra. – spiegò il dipendente.

– Grazie per le informazioni! – ringraziò Martina con un sorriso.

Martina salì le scale e si immerse nella sala d'arte. Si fermò davanti a un quadro e cominciò ad ammirarlo. In quel momento, un bambino di nome Niccolò si avvicinò a lei.

– Ciao, ti piace questo dipinto? – domandò Niccolò curioso.

– Ciao! Sì, mi piace molto. I colori sono molto belli – rispose Martina emozionata.

– Sai una cosa? Mia mamma è un'artista e mi ha insegnato molto sulla pittura. Posso dirti di più su quest'opera, se vuoi – offrì Niccolò gentilmente.

– Certo! Mi piacerebbe molto sentire di più a riguardo – disse Martina con entusiasmo.

Niccolò iniziò a spiegare i dettagli del dipinto e condivise alcune informazioni interessanti sull'artista. Martina era incantata di imparare cose nuove. Alla fine, ringraziò Niccolò per l'aiuto e proseguì la sua avventura nel museo.

Vocabolario:

avventura – avontuur

museo – museum

abiti comodi – comfortabele kleding

emozione – emotie

zaino – rugzak

luogo – plaats

sculture – beelden

banco informazioni – informatiebalie

storia – geschiedenis

scienza – wetenschap

scale – trappen

sala d'arte – kunstzaal

dipinto – schilderij

quadro – schilderij

ammirare – bewonderen

colori – kleuren

opera – kunstwerk

dettagli – details

informazioni interessanti – interessante informatie

artista – kunstenaar

Capitolo 13: Prendendosi cura dell'animale domestico di un amico

Martina era una ragazza responsabile e amante degli animali. Un giorno, il suo amico Daniele le chiese un favore molto importante.

– Ciao, Martina! Devo uscire dalla città e ho bisogno che tu ti prenda cura del mio gatto, Tommaso. Potresti farlo? – chiese Daniele.

– Ciao, Daniele! Certo, mi farebbe piacere prendere cura di Tommaso. So quanto è importante per te – rispose Martina.

Martina arrivò a casa di Daniele e trovò Tommaso che l'aspettava in soggiorno. Dopo essersi assicurata che avesse cibo, acqua e giocattoli, Martina si prese cura di lui per diversi giorni. Lo portò anche al parco, dove Tommaso poté giocare con altri gatti e godersi l'aria aperta. Martina e Tommaso diventarono amici e si divertirono insieme.

Alla fine della settimana, Daniele tornò e Martina gli raccontò tutte le avventure che aveva avuto con Tommaso.

– Grazie, Martina! Sono felice di sapere che Tommaso è stato in buone mani. Sei davvero una grande amica – disse Daniele ringraziando.

– Di niente, Daniele. Prendere cura di Tommaso è stato un vero piacere. Sarò sempre qui per aiutarti quando ne avrai bisogno.

Martina si congedò da Tommaso con affetto, aapendo di aver

formato un laccio speciale con lui durante il tempo passato insieme. Era felice di aver potuto aiutare il suo amico e prendersi cura del suo caro animale domestico.

Vocabolario:

animale domestico – huisdier

ragazza – meisje

amante – liefhebber

uscire – uitgaan

prendersi cura – zorgen voor

settimana – week

fine settimana – weekend

cibo – eten

giocattoli – speelgoed

assicurarsi – zorgen ervoor

diversi giorni – meerdere dagen

affetto – genegenheid

laccio – band

caro – dierbaar

Capitolo 14: Il primo volo

Martina era emozionata perché stava per fare il suo primo viaggio in aereo. Aveva risparmiato denaro per molto tempo e finalmente era arrivato il giorno in cui avrebbe volato in un paese straniero. Era all'aeroporto, con la sua valigia e il suo passaporto in mano.

– Buongiorno, come posso aiutarti? – chiese l'assistente di volo

– Ciao, ho un volo per Londra. In quale gate devo andare?

L'assistente di volo le fornì le informazioni sul gate d'imbarco e Martina si diresse lì. Una volta a bordo dell'aereo, cercò il suo posto e si sedette accanto a una donna amichevole.

– Ciao, è questo il posto 15B? – chiese Martina emozionata.

– Sì, esatto. È il tuo primo volo? – rispose la donna con un sorriso.

– Sì, è il mio primo volo! – rispose Martina emozionata – Sono così emozionata ma anche un po' nervosa.

– Non preoccuparti, i voli sono molto sicuri. Ti abituerai presto. – disse la donna tranquillizzandola.

L'aereo decollò e Martina guardava fuori dalla finestra mentre il paesaggio diventava sempre più piccolo man mano che guadagnavano quota.

– Guarda, stiamo volando sopra le nuvole! – esclamò Martina emozionata.

– Sì, è bellissimo, vero? Goditi il viaggio. – rispose la donna sorridendo.

Durante il volo, Martina ascoltava attentamente le istruzioni del personale di cabina e seguiva le indicazioni di allacciare la cintura di sicurezza e spegnere i dispositivi elettronici.

Finalmente, l'aereo atterrò all'aeroporto di Londra e Martina si congedò dalla donna con cui aveva condiviso il volo.

Vocabolario:

primo volo – eerste vlucht

viaggio – reis

aereo – vliegtuig

volare – vliegen

straniero – buitenlander

aeroporto – luchthaven

passaporto – paspoort

assistente di volo – stewardess

Londra – Londen

gate – gate

posto – plaats, zitplaats

nervosa – zenuwachtig

sicuri – veilig

ti abituerai – je zult wennen

decollare – opstijgen

finestra – raam

paesaggio – landschap

nuvole – wolken

Capitolo 15: Il festival di musica

Martina era entusiasta perché quel fine settimana si teneva il festival di musica nella sua città. Aveva sentito parlare di questo evento per mesi e non poteva aspettare. Andò al centro della città con il suo amico Manuele, dove si stava svolgendo il festival.

Quando arrivarono al luogo del festival, rimasero meravigliati dall'atmosfera festosa che regnava. La musica risuonava in ogni angolo e l'energia era contagiosa.

– Guarda, c'è un palco principale! Andiamo lì prima – indicò Martina.

– Sì, assolutamente! Voglio vedere quella band di rock che mi piace tanto – disse Manuele sorridendo.

Una volta di fronte al palco, la musica iniziò a suonare e il palco si illuminò di luci brillanti. Martina e Manuele saltavano, cantavano e si lasciavano trasportare dall'energia della band.

– Questa canzone è la mia preferita! Godiamocela al massimo! – gridò Martina.

Dopo un emozionante concerto, scoprirono il palco della musica latina, dove una band di salsa stava suonando.

– Mi piace molto la musica latina! Vuoi ballare con me? – chiese Martina.

– Certo, balliamo insieme sulla musica latina! – rispose Manuele.

Ballaarono a ritmo di salsa e si divertirono con gli altri partecipanti che stavano anche loro godendosi lo spettacolo.

– Che giornata fantastica! Sono davvero felice di essere venuta al festival. – commentò Martina con gioia.

Alla fine del festival, Martina si sentì molto felice e commentò che è stata una giornata fantastica. Non poteva aspettare con ansia di tornare al festival l'anno prossimo.

Vocabolario:

musica – muziek

energia – energie

band – band

luci – lichten

saltare – springen

cantare – zingen

concerto – concert

palco – podium

musica latina – Latijns-Amerikaanse muziek

ballare – dansen

ritmo – ritme

partecipanti – deelnemers

viso – gezicht

cuore – hart

gioia – vreugde   45

l'anno prossimo – volgend jaar

Capitolo 16: Giro in bicicletta

Martina era entusiasta perché era una bellissima giornata di sole e aveva deciso di fare un giro in bicicletta. Si mise il casco e prese la sua bicicletta dal garage.

Mentre pedalava per le strade della sua città, vide la sua amica Sofia che cavalca.

– Ciao Sofia! Cosa fai qui? – esclamò Martina entusiasta.

– Ciao Martina! – rispose sorpresa – Stavo guidando verso il parco. Ti piacerebbe unirti?

– Certo! Sarebbe fantastico.

Martina e Sofia salirono sulle loro biciclette e iniziarono a pedalare insieme lungo la pista ciclabile. Godettero della brezza sul viso mentre conversavano.

Arrivarono al parco e videro un lago con anatre che nuotavano. Decisero di fermarsi e osservarle per un momento.

– Guarda, Martina, le paperelle sono così carine. – indicò il lago – Adoro la natura che troviamo qui.

– Sì, è meraviglioso. – rispose entusiasta – Mi sento così in pace circondata da tanta bellezza.

Alla fine, Martina e Sofia tornarono al punto di partenza dove avevano lasciato le loro biciclette. Scesero e si sedettero su una panchina per riposare.

– Grazie per avermi invitato a fare questo giro in bicicletta, Sofia. – disse Martina felice – È stato meraviglioso.

– Di niente, Martina. – rispose Sofia sorridendo – Sono contenta che tu abbia goduto. Dovremmo sicuramente farlo più spesso.

Con un sorriso sul viso e il cuore pieno di gioia, Martina e Sofia si salutarono e decisero di pianificare più avventure in bicicletta insieme.

Vocabolario:

giro in bicicletta – fietstocht

casco – helm

garage – garage

pedalare – fietsen

pista ciclabile – fietspad

brezza – briesje

circondata – omgeven

natura – natuur

pace – vrede

bellezza – schoonheid

osservare – observeren

paperelle – eendjes

lago – meer

invitarmi – nodig me uit

dovremmo – zouden moeten

pianificare – plannen

goduto – genoten

Capitolo 17: Preparando un pasto speciale

Era arrivato il giorno in cui Martina voleva sorprendere la sua famiglia con un pasto speciale. Era emozionata e determinata a preparare qualcosa di delizioso. Si mise il grembiule e si diresse in cucina.

– Ciao mamma, ciao papà! – esclamò Martina entrando in casa – Oggi voglio preparare un pasto speciale per tutti. Vi piacerebbe provare qualcosa di diverso?

– Certo, figlia! – rispose il papà – Che cosa hai in mente?

– Voglio fare la pasta con il sugo di pomodoro fatto in casa e le polpette. Vi va bene? – chiese Martina.

– Suona delizioso! – disse la mamma con entusiasmo – Hai bisogno di aiuto?

– Sarebbe fantastico se mi aiutassi con il sugo di pomodoro mentre io faccio le polpette.

Martina e sua madre andarono in cucina. Martina sbucciava i pomodori mentre sua madre scaldava una padella con olio d'oliva. Dopo aver mescolato gli ingredienti secondo la ricetta, ha formato delle palline e le ha poste in una teglia da forno per cuocerle. Dopo un po', la salsa di pomodoro era pronta e le polpette si stavano dorando nel forno.

– Il pasto è pronto! – esclamò Martina – Venite a tavola.

La famiglia gustò il delizioso pasto che Martina aveva preparato con affetto.

– Martina, questo pasto è incredibile. – disse il papà con un sorriso – Sei un ottimo chef!

– Sono molto orgogliosa di te, figlia. – aggiunse la mamma con soddisfazione.

– Grazie, mamma, papà. – rispose Martina con gioia – Sono felice che vi sia piaciuto.

Con un sorriso sui loro volti, la famiglia godette di un momento speciale condividendo un pasto delizioso e l'amore che avevano messo nel prepararlo.

Vocabolario:

sorprendere – verrassen

delizioso – heerlijk

fatto in casa – zelfgemaakt

mente – geest

sbucciava – schilde

scaldava – verwarmde

padella – pan

olio d'oliva – olijfolie

mescolare – mengen

ricetta – recept

palline – balletjes

cuocerle – bak ze

salsa – saus

polpette – gehaktballen

stavano dorando – werden goudbruin

incredibile – ongelooflijk

chef – chef-kok

piaciuto – vond ik leuk

amore – liefde

Capitolo 18: Un'escursione in montagna

Martina e i suoi amici Pietro e Laura decisero di avventurarsi in un'emozionante escursione in montagna. Si incontrarono presto al punto di ritrovo concordato, portando zaini con acqua e spuntini. Iniziarono a camminare lungo il sentiero, seguendo i segnali.

– Wow, le viste sono impressionanti qui in alto. – esclamò Martina emozionata.

– Sì, ne vale la pena ogni passo che facciamo. – rispose Pietro.

Continuarono a salire, godendosi il bellissimo paesaggio e facendo una pausa vicino a un ruscello. Mentre scendevano lungo il sentiero, Pietro indicò un albero particolare ed esclamò:

– Guardate quell'albero gigante! Sembra tratto da un racconto.

Martina e Laura si fermarono ad ammirare l'albero maestoso e mostrarono la loro emozione con un sorriso sul viso. Poi, proseguirono la salita, affrontando terreni difficili. Man mano che salivano, il terreno diventava più ripido e impegnativo.

– Non arrendiamoci! Siamo quasi arrivati. – incoraggiò Martina il gruppo.

Finalmente, arrivarono in cima e rimasero impressionati dalla vista panoramica.

– Che posto incredibile! – disse Laura ammirata.

– Vale la pena ogni sforzo! – esclamò Pietro emozionato.

Trascorsero un po' di tempo godendosi il momento, assorbendo la serenità e la grandezza della natura che li circondava.

Si riposarono un po' e poi iniziarono a scendere, portando con sé ricordi speciali.

– È stata un'esperienza incredibile. – ringraziò Martina – Grazie per questa giornata.

– La natura ci dà energia. – rispose Pietro grato – È stato fantastico condividere questo con te.

Con una sensazione di soddisfazione e gioia, tornarono a casa, sapendo di aver vissuto un'avventura unica e ansiosi per future esplorazioni insieme.

Vocabolario:

montagna – berg

spuntini – snacks

sentiero – pad

viste – uitzichten

impressionanti – indrukwekkend

qui in alto – hierboven

ne vale la pena – het is de moeite waard

passo – stap

salire – klimmen

cima – top

man mano che – naarmate

albero – boom

gigante – reusachtig

racconto – verhaal

terreno – terrein

difficile – moeilijk

serenità – sereniteit

circondava – omringde

scendere – afdalen

ansiosi – ongeduldig

Capitolo 19: Imparando a ballare la salsa

Martina aveva deciso di imparare a ballare la salsa, e oggi sarebbe stata la sua prima lezione. Arrivò presto al centro di danza e incontrò la sua amica Laura.

– Ciao Laura! – esclamò Martina emozionata – Sei pronta per imparare a ballare la salsa?

– Ciao Martina! – rispose Laura – Sì, sono emozionata ma anche un po' nervosa. Non ho mai ballato salsa prima d'ora.

– Non preoccuparti, sono sicura che ci riusciremo alla grande!

Dopo un po', il maestro di salsa, Carlo, entrò nella stanza.

– Ciao ragazze! – disse Carlo con entusiasmo – Benvenute alla lezione di salsa.

La lezione iniziò con un riscaldamento per preparare i muscoli. Poi, Carlo insegnò loro i passi di base della salsa.

– Inizia con il piede destro, facendo un passo di fianco. – spiegò Carlo – Poi, porta il piede sinistro verso il destro e riporta il piede destro al suo posto. Ripeti dall'altro lato.

Dopo aver praticato il passo base, Carlo mostrò loro movimenti più difficili.

– Ora faremo giri e volte. – disse Carlo – Ascoltate le mie istruzioni e seguite il ritmo della musica.

Martina e Laura si sforzarono di seguire le istruzioni di Carlo. Man mano che praticavano, si sentivano più sicure e iniziavano a capire il ritmo della salsa.

Alla fine della lezione, Carlo complimentò Martina e Laura per i loro progressi.

– Avete fatto davvero bene ragazze! Continuate a esercitarvi e presto diventerete delle ottime ballerine di salsa.

– Grazie, Carlo! – ringraziò Martina – Ci vediamo alla prossima lezione.

Con la musica di salsa che risuonava nel centro di danza, Martina e Laura uscirono piene di energia e gioia, pronte a continuare la loro avventura nel mondo della danza.

Vocabolario:

prima – eerder

stanza – zaal

riscaldamento – opwarming

muscoli – spieren

insegnò – leerde

base – basis

destro – rechts

fianco – zij

ripeti – herhaal

giri – draaien

seguite – volg

sforzarono – probeerden

capire – begrijpen

progressi – vooruitgang

risuonare – weerklinken

mondo – wereld

Capitolo 20: Una giornata di pioggia a casa

Era una giornata piovosa e Martina era a casa senza niente da fare. Era annoiata e desiderava che il sole splendesse per poter uscire a giocare fuori. Improvvisamente, squillò il telefono.

– Ciao! – disse Martina eccitata rispondendo alla chiamata.

– Ciao Martina! – rispose la sua amica Angela – Cosa stai facendo in questa giornata di pioggia?

– Non molto, sono annoiata a casa. – disse Martina con delusione.

– Non preoccuparti! Ho un'idea. Perché non facciamo un pomeriggio di giochi a casa mia? – suggerì Angela entusiasta.

– Suona fantastico! Mi piacerebbe molto. – esclamò Martina entusiasta all'idea di divertirsi con la sua amica.

Martina si preparò rapidamente e si diresse a casa di Angela. Arrivata, entrambe le amiche si sedettero in salotto e cominciarono a giocare al loro gioco da tavolo preferito.

– Guarda Martina! Sono la vincitrice! – esclamò Angela eccitata dopo aver vinto un turno.

– Congratulazioni, Angela! Sei la migliore in questo gioco. – disse Martina ridendo.

Dopo diversi turni di giochi, le ragazze decisero di fare una pausa e prendere uno spuntino.

– Ho dei biscotti e del succo. Vuoi qualcosa, Martina? – chiese gentilmente Angela.

– Sì, per favore! Adoro i biscotti. – rispose Martina entusiasta.

Mentre stavano godendosi la merenda, hanno sentito il suono della pioggia colpendo le finestre.

– Anche se siamo a casa, ci stiamo divertendo molto! – disse Martina sorridendo.

– Esatto! A volte le giornate di pioggia possono essere divertenti se le trascorriamo insieme. – disse Angela felice.

Trascorsero il resto del pomeriggio ridendo, giocando e godendosi la compagnia reciproca. Anche se il sole non era spuntato, Martina e Angela avevano trasformato una giornata di pioggia in una giornata piena di divertimento e risate a casa.

Vocabolario:

pioggia – regen

niente – niets

annoiata – verveeld

splendere – schijnen

fuori – buiten

delusione – teleurstelling

suggerire – suggereren

giochi – spellen

entrambe – beide

vincitrice – winnares

turno – beurt

congratulazioni – gefeliciteerd

pausa – pauze

biscotto – koekje

succo – sap

merenda – snack

colpendo – slaan

compagnia – gezelschap

anche se – hoewel

Esercizi dei capitoli

Capitolo 1: L'arrivo in città

Rispondi alle domande:

1. Come si chiama la protagonista del Capitolo 1?

2. Quanti anni ha Martina?

3. Come si sente Martina arrivando in città?

4. Cosa porta con sé Martina mentre cammina per le strade della città?

5. Chi è Giovanni e come aiuta Martina?

6. In quale via vive Martina?

Capitolo 2: Negozio di alimentari

Completa le seguenti frasi con la parola corretta:

Martina decidió ir a il _____________ di alimentari più vicino.

Il negozio era ben _____________ e ordinato.

Martina comprò _____________ e lattuga fresca nella sezione di verdure.

La _____________ era a destra dei prodotti in scatola.

Martina comprò mele e _____________ nella sezione di frutta.

Martina pagò i suoi acquisti con la sua _____________ di credito.

Capitolo 3: L'incontro con i vicini

Indica quale delle seguenti frasi è vera o falsa:

1. Martina ha ricevuto un invito per partecipare a una riunione con i vicini nel suo nuovo edificio.

2. La riunione dei vicini si è tenuta al parco.

3. La riunione era programmata per una domenica mattina.

4. Il presidente dell'associazione ha parlato degli eventi futuri.

5. Martina non si è sentita a suo agio con i suoi vicini durante la riunione.

6. Martina è insoddisfatta della posizione dell'edificio.

Capitolo 4: Il primo giorno di lavoro

Rispondi alle seguenti domande:

1. Perché Martina era entusiasta?

a) Perché stava per iniziare un nuovo lavoro.

b) Perché stava per terminare il suo lavoro precedente.

c) Perché stava per andare in vacanza.

2. Chi ha accolto Martina in ufficio?

a) Il suo amico.

b) Il suo collega di squadra.

c) Il suo capo.

3. Cosa ha mostrato Davide a Martina in ufficio?

a) I diversi dipartimenti e aree.

b) I documenti importanti.

c) Le pause caffè.

4. Chi era il collega di squadra di Martina?

a) Davide.

b) Sebastiano.

c) Un cliente.

5. Quale compito ha assegnato Davide a Martina alla fine?

a) Di presentarsi al team.

b) Di cominciare a lavorare.

c) Di mostrare i documenti importanti.

6. Cosa ha fatto Martina alla fine del primo giorno di lavoro?

a) Si è incontrata con il suo capo per discutere delle sue prestazioni.

b) Ha fatto nuove amicizie in ufficio.

c) È tornata a casa per riposare.

Capitolo 5: Incontrarsi con gli amici

Indica quale delle seguenti frasi è vera o falsa:

1. Marta aveva visto i suoi amici di recente.

2. Martina sta imparando il tedesco.

3. Martina non ha tempo per uscire a causa del suo lavoro.

4. Manuele è interessato a imparare il francese.

5. Angela era preoccupata per la mancanza di idee per le vacanze.

6. Martina ha invitato Angela a viaggiare insieme in Francia.

Capitolo 6: Una visita alla biblioteca

Rispondi alle seguenti domande:

1. Perché Martina ha deciso di visitare la biblioteca?

a) Trovare dei libri di finanza e affari.

b) Per incontrare Leonardo e Gabriele.

c) Per passare il tempo.

2. Chi ha aiutato Martina a trovare i libri giusti?

a) Gabriele.

b) Il bibliotecario Leonardo.

c) Martina ha trovato i libri da sola.

3. Quale libro consigliò Leonardo a Martina?

a) Un libro di scienze sociali.

b) Un libro sulle finanze personali.

c) Un libro sull'arte.

4. Cosa fa Gabriele?

a) Bibliotecario.

b) Agente immobiliare.

c) Da una società di investimento.

5. Cosa ha offerto Gabriele a Martina?

a) Consulenza finanziaria.

b) Una cena gratuita.

c) Un biglietto aereo.

6. Cosa ha fatto Martina dopo aver visitato la biblioteca?

a) È andato a prendere un caffè.

b) È tornato a casa per leggere i libri.

c) Ha incontrato i suoi amici nel parco.

Capitolo 7: Una giornata in spiaggia

Rispondi alle domande:

1. Cosa ha dimenticato Martina a casa?

2. Cosa ha offerto Miguel a Martina?

3. Come ha risposto Martina all'offerta di aiuto?

4. Cosa ha detto Miguel quando Martina lo ha ringraziato?

5. Cosa ha fatto Martina durante la sua giornata al mare?

6. Come si è sentita Martina dopo aver trascorso la giornata al mare?

Capitolo 8: Il picnic di Martina e la sua famiglia

Completa le seguenti frasi con la parola corretta:

1. Martina e la sua famiglia decisero di fare un ____________ nel parco.

2. La mamma di Martina preparò dei ____________ di prosciutto e formaggio.

3. Il papà di Martina portò delle ____________ e bottiglie d'acqua.

4. Martina ei suoi genitori sedettero su una ____________ e cominciarono a mangiare.

5. Martina vide un bambino giocare con il suo ____________ .

6. Dopo aver giocato un po', Martina e la sua famiglia decisero di raccogliere tutto e tornare a ____________ .

Capitolo 9: Celebrando il Compleanno

Rispondi alle domande:

1. Perché Marta era emozionata all'inizio della storia?

2. Che sorpresa speciale aveva preparato Anna per Marta?

3. Dove si sono incontrate Marta e Anna per festeggiare insieme?

4. Cosa hanno fatto Marta e Anna dopo aver mangiato la torta e aperto i regali?

5. Cosa è successo durante il gioco di palla?

6. Come si sono sentite Marta e Anna alla fine del giorno del compleanno?

Capitolo 10: La visita allo zoo

Indica quale delle seguenti frasi è vera o falsa:

1. Martina e la sua famiglia hanno deciso di fare una visita allo zoo.

2. Martina era entusiasta di vedere gli elefanti allo zoo.

3. Martina e la sua famiglia hanno visto molti animali diversi allo zoo.

4. Martina ha regalato una barretta di cioccolato a un pinguino allo zoo.

5. Il pinguino ha rifiutato la barretta di cioccolato che Martina gli ha offerto.

6. Alla fine della giornata, Martina e la sua famiglia erano felici ma stanchi.

Capitolo 11: La lezione di yoga

Rispondi alle domande:

1. Cosa voleva Martina dopo una giornata di lavoro stressante?

2. Dove ha deciso Martina di prendere una lezione di yoga?

3. Come si è sentita Martina quando l'istruttore le ha chiesto di fare una posizione complicata?

4. Cosa ha suggerito l'istruttore a Martina per praticare yoga a casa?

5. Cosa ha fatto Martina quando è arrivata a casa?

6. Cosa ha scoperto Martina praticando yoga a casa?

Capitolo 12: L'avventura nel museo

Indica quale delle seguenti frasi è vera o falsa:

1. Martina ha deciso di visitare lo zoo.

2. Martina aveva uno zaino.

3. L'impiegato del museo le ha fornito informazioni sulle esposizioni.

4. Martina voleva iniziare esplorando la sala delle scienze.

5. La sala d'arte si trova al primo piano.

6. Niccolò è il figlio di un artista.

Capitolo 13: Prendendosi cura dell'animale domestico di un amico

Leggi il seguente frammento di testo e completa le frasi con la forma corretta dei verbi passato prossimo:

Martina ______________ (arrivare) a casa di Daniele e ____________ (trovare) Tommaso che l'aspettava in soggiorno. Dopo essersi assicurata che _____________ (avere) cibo, acqua e giocattoli, Martina ____________ (prendersi cura) di lui per diversi giorni. Lo ____________ (portare anche) al parco, dove Tommaso ____________ (potere giocare) con altri gatti e ____________ (godersi) l'aria aperta.

Capitolo 14: Il primo volo

Leggi ogni domanda e scegli l'opzione corretta (A, B o C) che completa meglio la frase:

1. Martina ________ il suo primo volo in aereo.

a) sta

b) stava

c) ha fatto

2. L'assistente di volo ________ informazioni sul gate d'imbarco.

a) dà

b) diede

c) ha dato

3. Martina _________ accanto a una donna amichevole sull'aereo.

a) si siede

b) si sedette

c) si è seduta

4. L'aereo _________ e il paesaggio _________ sempre più piccolo.

a) decollò / diventava

b) decolla / diventa

c) è decollato / diventava

5. Durante il volo, Martina _________ attentamente le istruzioni.

a) ascolta

b) ascoltava

c) ha ascoltato

6. Finalmente, l'aereo _________ all'aeroporto di Londra.

a) atterrò

b) atterra

c) atterrerà

Capitolo 15: Il festival di musica

Rispondi alle domande:

1. Perché Martina era entusiasta?

2. Con chi è andata Martina al festival?

3. Cosa hanno scoperto una volta arrivati al luogo del festival?

4. Quale gruppo musicale voleva vedere Manuele?

5. Che altro palco musicale hanno scoperto?

6. Come si è sentita Martina alla fine del festival?

Capitolo 16: Giro in bicicletta

Completa le seguenti frasi con la parola corretta:

1. Martina era entusiasta perché era una bellissima __________.

2. Martina si mise il __________ e prese la sua bicicletta dal __________.

3. Martina gridò a Sofia: "Ciao Sofia! Cosa __________ qui?"

4. Martina e Sofia salirono sulle loro __________ e iniziarono a (pedalare) insieme lungo la pista ciclabile.

5. Martina indicò il (lago) e esclamò: "Guarda, Martina, le __________ sono così carine."

6. Martina ha ringraziato Sofia per averla invitata e disse: "Grazie per avermi __________ a fare questo giro in bicicletta. È stato __________."

Capitolo 17: Preparando un pasto speciale

Indica quale delle seguenti frasi è vera o falsa:

1. Martina voleva sorprendere la sua famiglia con un pasto

speciale.

2. Martina decise di preparare la pasta con il sugo di pomodoro fatto in casa e le polpette.

3. Il padre di Martina no era entusiasta di provare qualcosa di diverso.

4. Martina e sua madre sbucciavano i pomodori insieme.

5. La famiglia ha gustato il pasto preparato da Martina.

6. Martina si sentì triste e delusa dalla reazione dei suoi genitori.

Capitolo 18: Un'escursione in montagna

Abbina correttamente le coppie, unendo la prima parte della frase con la seconda parte:

1. Martina e i suoi amici Pietro e Laura decisero di avventurarsi in un'emozionante escursione...

2. Iniziarono a camminare lungo il sentiero, seguendo...

3. Le viste dall'alto erano...

4. Martina e Laura si sono fermate per...

5. Man mano che salivano, il terreno diventava più...

6. Si riposarono un po' e poi iniziarono a...

a) ...riposarsi e godersi lo splendido scenario.

b) ...in montagna.

c) ...impressionanti.

d) ...ripido e impegnativo.

e) ...i segnali.

f) ...scendere, portando con sé ricordi speciali.

Capitolo 19: Imparando a ballare la salsa

Rispondi alle seguenti domande:

1. Come si sentiva Laura prima della sua prima lezione di salsa?

a) Emozionata e nervosa.

b) Annoiata e stanca.

c) Triste e arrabbiata.

2. Con cosa è iniziata la lezione di salsa?

a) Con un riscaldamento.

b) Con un esame.

c) Con una competizione.

3. Cosa ha mostrato Carlo a Martina e Laura per praticare?

a) Movimenti di breakdance.

b) Movimenti di nuoto.

c) Movimenti più complessi di salsa.

4. Cosa hanno fatto Martina e Laura per seguire le istruzioni di

Carlo?

a) Ignorato le istruzioni.

b) Preso una pausa.

c) Si sono impegnate per seguire le istruzioni.

5. Cosa hanno guadagnato Martina e Laura mentre praticavano?

a) Confusione e frustrazione.

b) Paura e disperazione.

c) Fiducia e ritmo nella salsa.

6. Cosa ha fatto Carlo alla fine della lezione?

a) Li ha rimproverati per non aver fatto bene.

b) Li ha congratulati per i loro progressi.

c) Ha cancellato la prossima lezione.

Capitolo 20: Una giornata di pioggia a casa

Completa le seguenti frasi con la parola corretta:

1. Martina era __________ a casa a causa del cattivo tempo.

a) triste

b) annoiata

c) emozionata

2. Angela ha proposto di fare un pomeriggio di __________ a casa

sua.

a) giochi

b) film

c) shopping

3. Martina si è mostrata _________ dell'idea di Angela.

a) felice

b) arrabbiata

c) spaventata

4. Durante il pomeriggio, Martina e Angela hanno giocato al loro _________ preferito.

a) sport

b) gioco da tavolo

c) strumento musicale

5. Martina e Angela hanno sentito il suono della pioggia che _________ sulle finestre.

a) accarezzava

b) chiudeva

c) colpiva

6. Martina ha detto che si stavano divertendo molto anche senza _________.

a) amici

b) sole

c) regali

Soluzioni

Capitolo 1: L'arrivo in città

1. La protagonista si chiama Martina.

2. Martina ha venticinque anni.

3. Martina si sente emozionata arrivando in città.

4. Martina porta con sé una piccola valigia e una borsa a mano.

5. Giovanni è un giovane uomo che incontra Martina per strada e l'aiuta a trovare la sua strada verso la nuova casa.

6. Martina vive in Via Farfalla numero 23.

Capitolo 2: Negozio di alimentari

1. negozio

2. pulito

3. pomodori

4. frutta

5. banane

6. carta

Capitolo 3: L'incontro con i vicini

1. VERA

2. FALSA

3. FALSA

4. VERA

5. FALSA

6. FALSA

Capitolo 4: Il primo giorno di lavoro

1. a)

2. c)

3. a)

4. b)

5. b)

6. c)

Capitolo 5: Incontrarsi con gli amici

1. FALSA

2. FALSA

3. VERA

4. FALSA

5. VERA

6. VERA

Capitolo 6: Una visita alla biblioteca

1. a)

2. b)

3. b)

4. c)

5. a)

6. b)

Capitolo 7: Una giornata in spiaggia

1. Martina olvidó sus gafas de sol.

2. Miguel le ofreció un par de gafas de sol a Martina.

3. Martina agradeció a Miguel con una sonrisa aliviada.

4. Miguel respondió "De nada, espero que las disfrutes".

5. Martina ha preso il sole, letto un libro e nuotando in mare.

6. Martina se sintió relajada y rejuvenecida.

Capitolo 8: Il picnic di Martina e la sua famiglia

1. picnic

2. panini

3. mele

4. coperta

5. cane

6. casa

Capitolo 9: Celebrando il Compleanno

1. Marta era emozionata perché oggi era il suo compleanno.

2. Anna le aveva preparato una piccola festa a sorpresa.

3. Si sono incontrate in un parco vicino.

4. Marta e Anna hanno deciso di giocare nel parco.

5. Anna ha quasi colpito Marta con la palla.

6. Marta e Anna si sono sentite felici e grate per la loro amicizia speciale.

Capitolo 10: La visita allo zoo

1. VERA

2. FALSA

3. VERA

4. VERA

5. FALSA

6. VERA

Capitolo 11: La clase de yoga

1. Martina voleva rilassarsi e ridurre lo stress.

2. Martina ha deciso di prendere una lezione di yoga nella sua palestra locale.

3. Martina si è sentita un po' insicura.

4. L'istruttore ha suggerito a Martina di seguire video di yoga online e di comprare un tappetino da yoga per praticare a casa.

5. Ha cercato video di yoga online e ha cominciato a seguirli per praticare a casa.

6. Martina ha scoperto che praticare yoga a casa era molto comodo e rilassante.

Capitolo 12: L'avventura nel museo

1. FALSA

2. VERA

3. VERA

4. FALSA

5. FALSA

6. VERA

Capitolo 13: Cuidando a la mascota

Martina arrivò a casa di Daniele e trovò Tommaso che l'aspettava in soggiorno. Dopo essersi assicurata che avesse cibo, acqua e giocattoli, Martina si prese cura di lui per diversi giorni. Lo portò anche al parco, dove Tommaso poté giocare con altri gatti e godersi l'aria aperta.

Capitolo 14: Il primo volo

1. b)

2. a)

3. c)

4. a)

5. b)

6. a)

Capitolo 15: Il festival di musica

1. Martina era entusiasta del festival musicale.

2. È andata al festival con Manuele.

3. Hanno scoperto un'atmosfera festosa e musica.

4. Manuele voleva vedere una band di rock.

5. Hanno scoperto la scena musica latina.

6. Marta si sentiva felice e soddisfatta.

Capitolo 16: Giro in bicicletta

1. giornata

2. casco, garage

3. fai

4. biciclette, pedalare

5. lago, paperelle

6. invitato, meraviglioso

Capitolo 17: Preparando un pasto speciale

1. VERA

2. VERA

3. FALSA

4. FALSA

5. VERA

6. FALSA

Capitolo 18: Un'escursione in montagna

1. b)

2. e)

3. c)

4. a)

5. d)

6. f)

Capitolo 19: Imparando a ballare la salsa

1. a)

2. a)

3. c)

4. c)

5. c)

6. b)

Capitolo 20: Una giornata di pioggia a casa

1. b)

2. a)

3. a)

4. b)

5. c)

6. a)